JN439383

김인혜 시집

부르면 대답하는 바람

도서출판 경남

시인의 말

시에게 –
당신은 모르시는 게 좋겠습니다
얼마나 많이 아파야 한 줄의 시가 나오는지
생각 속으로 슬픈 시인은
도무지 멈출 수 없는 형벌을 이제야 시인합니다
어제의 밝은 해
오늘의 더욱 밝은 해
나는 하얀 뼈를 통째로 투시당하지만
다시 만나는 그대는
남들은 돌아올 때 떠나는 사람처럼
오늘도 슬프게 설레입니다

시를 적어 보낼 때에는 바람을 싸서 보낸다
당신을 만나는 길
정말일지
점점이 눈물이 마른 흔적조차
기다리다 기다리다 못 견디게 되면
편지를 쓰리라
빛 같은 거울 같은 하얀 눈물로
얼마나 아팠을까
시를 적어 보낼 때에는 바람을 고이 싸서 보낸다

비 오면 —
비는 뒷모습마다 감추려는 눈물자국이다
나를 울린 것은 속까지 보여 준
너의 진실뿐

차례 ——

■ 시인의 말 003

제1부

꽃향기 —— 010
꽃마당 —— 012
꽃 —— 014
바람의 탓 —— 015
부르면 대답하는 바람 —— 016
시를 적어 보낼 때에는 바람을 싸서 보낸다 —— 018
마지막 잎새 —— 019
솔바람 —— 020
나무들처럼 —— 022
나무를 이고 가는 새 —— 023
가족 사진 —— 024
엄마에게 —— 026
가난한 사람들 —— 027
슬픔 · 1 —— 028
슬픔 · 2 —— 029
슬픔 · 3 —— 030
슬픈 친구 —— 031

눈 오면—
밤새 다녀갔구나
내게 남겨 둔 하얀 글씨들

제2부

비너스 상 — 034
시곗바늘 — 036
찹쌀떡 파는 소리 — 039
사계 · 1 — 042
사계 · 2 — 044
마을의 사계 — 047
호박꽃의 사계 — 049
고향 · 1 — 052
고향 · 2 — 053
풍경이 된 이정표 — 055
검은 바다 동트다 — 056
연날리기 — 057
잃어버린 고향의 사계 — 058
길 — 060
가을 나그네 — 061
바람의 집은 들판입니다 — 062
황무지 — 064
들 콩 — 066
들 가운데 집 하나는 꼭 있다 — 068

눈 오면 —
죽음은 아무리 둘러가도 슬픔이었네
창가에 쌓이는 하얀 주검들

제3부

미역 따는 할머니 —— 072
바다 숙제 —— 073
바다 풍경 —— 074
진해 앞바다 —— 075
고 독 —— 077
고독의 정의 —— 078
고독의 산 —— 080
죽음 · 1 —— 081
죽음 · 2 —— 082
죽음 · 3 —— 083
죽음 · 4 —— 085
길 떠난 친구 —— 086
유월의 노래 —— 087
나뭇잎 이야기 · 1 —— 088
나뭇잎 이야기 · 2 —— 089
친구를 그리며 —— 090
비 오면 · 1 —— 091
비 오면 · 2 —— 092
비 오면 · 3 —— 093

눈 오면 —
그대에게 상을 차려낸다
눈벼락보다 더 하얀 기억
눈물의 편린, 고향의 밥상

제4부

태양의 담장 —— 096
태양의 여신 —— 097
아프리카의 태양 —— 098
황톳물 —— 097
그 목소리여 —— 100
가수에게 헌시를 —— 101
남으로 누워 잔다 —— 102
그림자 —— 104
가난한 그림자 —— 106
옷 그림자 —— 107
역을 지난다 —— 108
기차 여행 —— 109
늙은 철길 —— 110
봄 오기 —— 112
거울 · 1 —— 113
거울 · 2 —— 114
거울 · 3 —— 115
슬픈 포도 —— 116
작은 이별 —— 117
작은 봄소식 —— 118
다시 비 오면 —— 119

눈 오면 —
내 안의 세상에는 지금도 그 골목길
모퉁이마다 쌓인다
누구의 얼굴, 은가루 천 개씩

제1부

꽃향기

꽃마당

꽃

바람의 탓

부르면 대답하는 바람

시를 적어 보낼 때에는 바람을 싸서 보낸다

마지막 잎새

솔바람

나무들처럼

나무를 이고 가는 새

가족 사진

엄마에게

가난한 사람들

슬픔 · 1

슬픔 · 2

슬픔 · 3

슬픈 친구

꽃향기

하늘 가득 꽃 날리던 날
꽃마다 그림자가 열 개씩
꽃마다 설레임이 열 개씩
점점이 포개져 앓는 그리움
안타까움 모아
너에게 그리움 싸서 보내나니
행여 죽음이라고 열어 보지 않을까

다같이 둘러앉아 한 잔씩 건네는
둥근 식탁에는 얼룩덜룩 정사의 흔적들
기울인 꽃병
누가 뭐래도 나는 꽃인데
모든 오염 씻고 다시 태어나는 날
나는 숨을 죽이고 안에는 너만 들여보낸다

내 안에 가득 차오르는 너
곧 터질까
나는 너
너는 나
꿀항아리 열어

비 오면—
뒷모습 따라 너무 아쉬운 인화지
자꾸만 안개가 끼어 눈물이 되었네

죽음보다 찰나 단내

혼돈의 질서

풀따라 갔더니

어느새 멀리 멀리 퍼지는 꽃향기

바람에게 —

나를 불드네 꽃 노래

귀가 커지네

꼬리를 흔드네

꽃마당

온 산에 꽃 칠하는 봄마당
계곡을 지나고 터널을 지날 동안
즐겨 백 번을 안은 흔적들

질펀한 정사의 자국으로
저기 꽃 칠한 산이
지저분한 산이
함부로 걸어서 여기까지 나온다

벌써 흩어진 꽃
무엇이나 가두지 않는 고난
웃다가 멍든 것뿐인데
산마다 붉게 붉게 떠내려간다

산을 잡으려다
산을 품으려다
풍덩, 산에 빠질지라도
모두들 웃느라 입이 열 개씩

비 오면—
웃고 있지만 아직도 남아 있는 아쉬움
꽃밭을 적시는 백 번의 문 두드림

누가 제대로 돌려놓을까
가둘 수 없는 정열은 마구 풀어져
어디론가 달려가는데
모두 제 색이 아니다
바람난 산을 잡으러 가는 날에는

바람에게 —
이제까지 내가 알던 것은 모함이다
흙먼지 안고 오길래

꽃

푸른 잎에 오래 아파 멍든 것뿐인데
똑 따서 먹고 기절한 새
그때부터 나는 꽃이라고 목 안에서 우는 새
배를 지나 푸드득 새 되어 만나는 세상
고통을 겪은 줄 티 안나는 가증스러움

쳐다보다 그만 감염되는 진한 몸내를
획, 나르는 동안
거만한 가슴으로 드러눕는 구름
어디로든 새는 비상구
글쎄 문이 너무 많아요

꽃이 어떻게 될 수 있었니
참새가 슬쩍 말 걸어 오길래
그냥 풀따라 했을 뿐인데

바람에게 —
시가 되고
내가 되어
모른 척 너를 돌아 흐르는 길에
백 번에 백 번을 더해 두드려야 열리는
너의 마음

바람의 탓

울어 본 적이 언제던가
눈물을 빌릴 수가 있어야지
그래서 오늘도 메마른 기침
전깃줄에 차례로 뱉은 소리들
왱 — 사이렌 굉음
그가 누구던가
지금은 한밤중인데

새벽닭이 울면 모든 사물이 그림자를 얻고
벗어둔 신이 달리고
얼굴을 씌웠던 수건이 벗겨지고
그가 누구던가
그 서슬에 눈물이 마르고
마지막 피 한방울까지도 말라버린
분명 새날을 위한 바람의 짓이다

그렇게 힘든 탓
새로 태어나는 탓
떠나기에는 너무 늦거나 이른 시간에

바람에게 —
소나기, 우렛 소리
여름날 짧은 생을
피나게 울어서 보낸다

부르면 대답하는 바람

어디서 오는 길인가요
누구랑 같이 오나요
바람을 불러 보세요
간절히 부르면 대답하는 바람

들을 건너온 바람이란
누군가의 머리카락 같다
더구나 할 말이 남아 있을 때는
헝클어진 머리카락 같다
그래서 오늘도 떠나지 못하는 들판

못다 한 이야기는
꼭꼭 접어 풀깃마다 끼워 두고서
밤새워 지켜 온 창문마다
소중한 입김 불어 흔들어 보는 일

물기를 빼앗긴 하얀 뼈
삐걱인다
외마디 비명
나를 일으켜 앉히고

바람에게 —
그에게 어디로 가는지 물어봤어야 했는데
그에게 어디가 아픈지 물어봤어야 했는데
했는데, 했는데가 뭉쳐진 어혈

오직 나만의 소리를 들으라 이르는가

그대가 물결이던 때
그대가 지쳐 죽은 혼일 때
그대를 기다리다 기다리다
누구를 불러 아직도 떠나지 못하는 들판
이제 일어나 마음을 벗고
바람의 부름을 따라 두 팔을 벌리고

빈 들에 누군가 있어요
그는 나에게
나는 그에게
할 말이 있는 것 같아요

바람에게 —
넌 지쳐 죽은 혼이다
넌 여름날 떠난 이의 피눈물이다
그런 모합까지 사랑한
너는 고요히 눈물

시를 적어 보낼 때에는 바람을 싸서 보낸다

그늘이 앉았다 떠난 자리마다
너의 휘몰이
흙알갱이 쌓이고
좁은 골목길 집집마다 문 닫아 주는 바람
빈 방 가만히 불 켜주는 바람
돌아갈까 애태우다 기다리다 돌아서면
언제나 나보다 먼저 오는 바람
급히 오느라 내 앞에 덜컥 넘어지는 바람
나보다 한발 앞서 살피는 바람
어느 날은 길게 울었던 적이 있었지

점점이 눈물이 마른 흔적조차
기다리다 기다리다
못 견디게 되면 편지를 쓰리라
빛 같은 거울 같은 하얀 눈물로
얼마나 아팠을까
시를 적어 보낼 때에는 바람을 싸서 보낸다
당신을 만나는 길
정말일지
시를 적어 보낼 때에는 바람을 고이 싸서 보낸다.

비 오면—
조금 늦었지
이제야 올 수 있었어
창가에 부딪치는 꼬리 잘린 섬광들

마지막 잎새

사월에 온다는 게 너무 늦어져
네 얼굴 봄꽃 보지 못했네

누구를 기다렸나
이토록 먼 길
담쟁이 일생 간 기어다닌 발자국
끝없이 맴도는 담벼락으로

햇살의 농간인가
그늘 한 조각 빌릴 수 없는
헐벗은 가을날에는
우리 같이 날자
위대한 비상

내가 누구인지
아무에게라도 길을 묻고
길을 재촉하던 생애
그때가 봄이던가
나의 꽃이던가
발 아래 부르는 안식을 두고
다시 떠나는 머나먼 길
모험, 찬란한 벽화

솔바람

어제부터 나를 부르던 환영
가만히 산속을 열어 보면
나를 기다렸구나
곧 항아리 거꾸로 쏟는 파도 소리

눈 감으면 나를 들고 떠나는
무수한 소리들의 부대낌
머리카락 하나 하나씩 세어 보다가
한꺼번에 하늘가로 묶어 올리는

포로가 된다
귀와 귀 사이 지름길 따라
속으로만 차곡차곡 쌓이는 푸른 소리들
귀가 자란다
가지가 돋고 속이 텅 비어
비밀의 문 닫힐 때까지
소리들의 난무에 물드는 얼굴

바람에게 —
나는 풀
풀빛 고운 융단 언덕
앉거나 서거나 하며
나란히 바람을 배웅하기

솔바람 따르라
오른쪽으로 쓰러진다
왼쪽으로 쓰러진다
오래 기다린 나는 초록
이제 나무가 되었네
간지러운 발끝부터 뿌리가 되었네

바람에게 —
거기 서소서
멈추소서
제발 가지 마소서
세월

나무들처럼

어느 날은 참 많이 울었다
나무들처럼
울다가 뒤돌아보는 일
나무는 못한다고 내게 말했다

우는 나무는
나는 그런 나무가 좋았다
못해 하고 말하면
해도 달처럼 무르게 웃었으니까
나는 아니야
어느 날은 모든 책을 덮을 때
그렇게 나무에게 말하기 좋았다

나무는 하루를 지나도록
나무는 허리가 아프도록
나의 눈물을 보듬고 있을 뿐
눈물을 주렁주렁 매단
내가 나무가 되는 길을 쉽지 않았다

비 오면—
마침내 비 오면
두고 온 언덕마다 잎 피는 신천지
두 팔을 내밀어 물에서 건지는 새로운 세상

나무를 이고 가는 새

벌판에 선 탓에 모든 그물이 된다
걸망이 걸리고 길의 때가 걸리더니 새가 걸렸다
새를 들고 까불다 뚝 떨어져 다리가 부러진 새
그때부터 새는 열 손가락 사이마다 알을 까고 담배를 피운다
허기지면 나무의 심장에 장죽을 대고 빨대 빤다
새가 하는 꼴 대로 새알이 따라서 하더니
자꾸만 알을 까는 새
천근 같은 생
손가락 발자국
처지는 열 손가락마다 땅을 찍는 무거움
중얼중얼 가지를 걷어내고
그런 나무도 오늘 꿈에서는 새 되어 난다

가족 사진

조용히 앉아야 보인다
사진관에 걸어 두고 잊어버린 액자 하나
과거를 당겨 보면 누구라도 웃고 있다
사진관 칠 벗겨진 퍼런 모퉁이 따라 참 많이 낡은 색

그날의 내음 번지는 눈가에는
눈물이 굽이굽이 옛길을 펼치고
어머니가 낳은 알
우리들 열두 자매가 나누어 까먹는다
오호라, 깊은 탄식
우리는 어머니의 살을 먹고 자랐나 보다
돌아보면 그때마다 쌓이는 회한
아쉬움으로 닳은 사진 네 귀퉁이

고향집 마당은 아직도 붉은 색
늘 이어 피어나던 무궁화 꽃봉오리
늘 이어 익고 익던 온 동네 먹을거리 무화과 단내
눈 뜰 기억조차 까마득 먼
어린 햇살 미끄러지는 소리

우는 사진 한 장 없다고 예쁘기만 했을까
쌓기만 했을 뿐, 그렇게 쌓기만 했을 뿐
다시 돌려보다 가끔 지치는 익숙함
내일 또 보자꾸나 잠깐 놓은 듯 다시 아쉬운
내일이면 영 잊을까 또 다른 조바심으로
얼굴마다 포개이 가슴에 넣고 조용히 일어신다

비 오면 —
비 오면 고향 생각
떠나온 별로 가자
그 별은 나보다 나를 잘 알고 있다

엄마에게

엄마의 손톱을 보면
아프던 때의 내가 생각난다
엄마를 부르면 철렁철렁 물소리
엄마의 반은 눈물이다

나는 엄마, 엄마인 나를
함부로 흔들지 마라
출렁출렁 눈물의 소리가 넘칠까
이제는 나의 모습 내가 보고자 하지만
아득하게 멀어진 젊은 옛길 엄마의 뒷모습

당신은 한평생 눈물을 삼키고만 살아
속에는 눈물이 반이다
손가락마다 비명을 감고
쓰리고 아리면 잠시 눈물에 적신다

그리고 그냥 삼킨 눈물로
오늘도 발걸음마다 한 짐이다

비 오면 —
아이가 글 쓰는 소리
종이에 눈물 조각 떨어지는 소리
누군가 부르는 기억
아직 대답하지 않은 나

가난한 사람들

풀—등 허리 휠라
힘 없다지만 우리도 하늘을 이고서 산다

웅크린 등 위로 세월이 쌓이던지 마냥 내버려 둔 사람들
웅성, 평생에 못다 떨군 등에 흰 무거운 짐
알고 보니 꽃이었네
떠날 때에 알았네
등에 지고만 살았을 뿐
꽃 한번 만나지 못하였는데
꽃이, 봄이 간다 하네

어제의 청춘이 언제는 있었던가
옹송, 청기 잃은 눈동자는 흰자위로 풀어지고
침묵만 얻은 길
등껍질은 이미 벗겨 주었네
타협을 모르는 삶의 수레바퀴
네 심장을 다오
수직으로 꽂히는 화살
깜짝 놀라 한겹 감춰 둔 미소까지 던져 주었더니
이제야 내가 보이네
부끄럽지 않은 주름진 빈 몸

비 오면 —
분주한 저녁 상차림
가난, 뭬 얘깃거리가 아니라
워 들에게는 소중한 젖은 밥상이었네

슬픔 · 1

슬픈 기억마다 지우려 문지른다
오늘은 닦고
오늘은 긁고
오늘은 지우고
날마다 백 번씩 지우다 보니
더욱 빛나는 슬픔 하나
지금 이 자리
기억이 먼저 다가와 기다리는 아픈 성숙

마음을 전하려 하지만
늘 잘 해내지 못해
또 말하고 또 말하고
내 슬픔의 무게가 얼마나 큰지
비할 데 없어
또 말하고 또 말하고
흘려듣나 조바심에 목이 쉬도록
조금도 닳지 않은
그런 응어리
똑같은 되풀이
슬픔의 방식

바람에게 —
당신입니까
당신을 돌아 흐르는 향기
당신의 내음 온 방에 한가득
아마도 당신은 꽃이군요

슬픔 · 2

슬픔은 내 것이 아니다
버리려 해도 버려지지 않으니까
하지만 슬픔은 다른 이의 것이 아니고
오로지 슬픔은 내 것이 아니지만 여전히 내 것이다
그래서 슬픔은
슬픔은 언제나 현재 진행형이다
조금도 닳지 않은 슬픔 덩어리
그마저 날마다 살을 더한다

슬픔은 언제나 현재진행형
밤이면 뉘라도 옛것을 찾는 시간
내게 젖은 슬픔은
변하지 않는 안녕
늘 이별을 나누던 자리만 남아
날마다 밤마다 뼈아픈 이별을 한다
무거운 덩이 덩이

비 오면 —
아, 당신입니까
필요한 이에게
살그머니 쥐어 주는
호수 그림

슬픔 · 3

버리려니 생각하고
생각하니 또다시 그 자리에
그들의 모습이라니
모이면 그림자 같고 흩어지면 어지럽다
뱅뱅이 소용돌이
시간을 얻지 못한 우리들
아는가
나를 통째로 신께 바치는 은밀한 거래
나를 드릴테니 나를 놓아주소서
심장 갉는 공명

어쩔 줄 몰라 울고 있는 사이에
그 슬픔 또다시 아무렇게나 놓여 있었네

바람에게 —
여름 마당이 이렇게 조용하면 안되잖아요
바람이 책장 넘기는 소리

슬픈 친구

갑자기 보이지 않는 친구 아이
호박꽃을 노란색 백합이라고 여기던 아이
소꿉상 차려 늘 내게 먼저 바치던 아이
먹는 척 귀신 시늉 잘 해보라던 아이
해가 다 지도록 집으로 돌아가지 않던 아이

날마다 우리 집 쪽마루에
햇살같이 가만히 앉아 있던 아이
늘 우리 집 문간에서 나만 바라보던 그 아이
친구야 노올자
친구야 노올자

어느 날 갑자기 보이지 않는 친구아이
우리 집 문간에 뽀주리감 하나 놓아두고
부끄러워 마구 뛰어가던 아이
할머니 떠나시고 다음날 고아원 차 타고
뒷모습 멀어져 간 그 아이

비 오면 —
친구야 노올자
벽돌 갈아 고춧가루 체에 내리고
풀잎 찧어 풀물에 손수건 적시며

다음해 장질부사로
죽었네 살았네 무성한 소문이야
귓등으로 흘러흘러
어느 날 다 자라 꿈에서 날 찾아온 그 아이
지금도 그 아이 기다리는 나

제2부

비너스 상

시곗바늘

찹쌀떡 파는 소리

사계 · 1

사계 · 2

마을의 사계

호박꽃의 사계

고향 · 1

고향 · 2

풍경이 된 이정표

검은 바다 동트다

연날리기

잃어버린 고향의 사계

길

가을 나그네

바람의 집은 들판입니다

황무지

들 콩

들 가운데 집 하나는 꼭 있다

비너스 상

흐르는 눈물 모아 그대를 빚어 본들
내가 볼 때만 흐르는 강
내 것이 아니던 시간의 층계 지나
돌아 돌아 금 간 유리창 너머
물어 물어 그늘진 미술관에 살지라도
떠다니는 먼지 걷어
영혼 미간에 얹어 둔 풀색 그늘
글로써 그림을 그리자니
그대 깊은 수심을 어디다 걸어 둘까

선이 흐른다
고요가 흐른다
유리창 틈 비집은 햇살마다 거울
상아 어깨에 아스라이 부서지는 함성
점점이 박히는 천 개의 바늘 조각
아, 짧은 비명
긴 전율
간지러운 발끝 모아
내 얼굴 네 얼굴 마주쳐 보는 때
숭고하여라

눈 오면—
비보다 더 창백한 계단
층층이 바래지 않는 어떤 기억들
층층이 자꾸만 쌓이는 소리

찬란한 황금비율

새가 산다
알을 까고 죽은 새
발자국이 사라진다
소리가 사라진다
무수한 새의 발자국마다
새도 늙으면 수염이 난다는데
늙은 새의 음성이 눌은 채
유령 같은 침묵에 잠들지 못한 천년

누구라도 그대를 사랑한다
누구라도 그대를 탐하지 않는다
세워 두고 잊었노라
그대를 만나면 누구라도 울고 섰다
천년 전의 나
이제 전부를 벗으려는 그대여

시곗바늘

어제와 오늘을 나누는 칼로 우리는 시곗바늘을 쓴다
시곗바늘이 정수리까지 힙겹게 오르고 나면
정상을 정복한 자의 함성을 듣는 때
누구라도 숙연해지거나 떨고 있다
꿈에서도 쉬지 않고 부르던 찬가였는데
봄이 어느새 반이나 지나 버린 뒤였다
시곗바늘이 태곳적 이야기를 낚았다든지 하는 이야기는
듣는 이가 졸고
모두가 잘 아는 비밀을 주고받기 시작하는 우리들의 반란
자신과 맞출 수 없는 타협이 살 패는 공포
어디든 숨을 곳이 없다
천지에 활활 불붙는 대지
풍덩, 여름 웅덩이
시계를 밀어 두는 때
사실 그럴지라도 시곗바늘이 딱 정수리에 걸려
덜컥, 몇초간은 쉬어가는 줄 모두들 잘 알지만
어제와 오늘의 경계가 어디 그리 간단할까
초조하게 바라보던 우리는 함성을 올린다
어떤 이는 자신의 벙거지 모자를 하늘로 올리고
감격을 나누려 어디론가 달아나 버렸다

비 오면—
얼마나 기다릴까
새 시계 보여 준다더니
아이 적 헤어진 이름 잊은 친구

두텁던 햇살이 흐르다
간혹 한 줄기 섞여 날아든 시원한 바람
가을이다
새날에는 그래도 될 줄 알았다
하루 중 절반은 제자리걸음 바빠도
시간은 저 혼자 정상을 향한 등정
그의 구토 같은 신음을 나눠 마시고
우리는 그의 발걸음 빌어
내일을 얻어야 어디든지 갈 수 있다
그저 운명에 잡히지 않으리라
앞만 보고 달리다 갈림길을 가리키는 시곗바늘
되돌릴 수 없는 계절의 막바지
겨울바람이 세포 구멍마다
제 찬 입김을 쑤셔 넣을지라도
멈출 수 없어서 운명이다
다시 그 정점을 만나는 시간이 저기 걸어온다
째깍, 째깍!
보라, 재빨리 손을 들어야 하는 순간이
초침 하나로 꿈같이 우리를 지나기 전에
어제로 돌아가거나 내일로 한발 앞서거나

비 오면 —
비 오면 창문 하나 더 보이고
창문 너머 걸려 있는 괘종시계 뚝딱
언제나 자정을 가리키는 시곗바늘

언제나 그래서 오늘은 없다

어제와 내일 사이에 무엇이 숨었나
오늘을 찾으려는 첫 고지들

바람에게 —
세상 먼지 두루 닦아
지친 걸음 째까닥
앉지도 못하고 서성이는 바다 절벽

찹쌀떡 파는 소리

떡을 판다
찹쌀떡!
슬프게 떡을 판다
그러라고 찹쌀떡 밤에만 판다

밤을 두드리며
밤을 다독이며
외지팡이 소리소리 끌고 가며
찹쌀떡!

늦은 밤
아직 돌아오지 않는 식구들을 기다리며
혹시나 조바심 기억을 흩뿌리며
찹쌀떡!

그립다
이 느낌이 그 느낌
어제 일 툭!!
훌쩍, 떨어지는 소리를 주워 안고서
찹쌀떡!

떡 파는 소리따라 이리저리 끌려다녀도
고요로운 물속이다
저 건너 부르는 이 하나 없는 밤길
찹쌀떡 장수와 나
남은 떡만큼 슬프다

찹쌀떡!
찹쌀떡!
사세요 소리는 오늘도 끝내 없을까
여기저기 한 덩이씩
어리 애상 살점들 길 가며 뚝뚝 떨어뜨린다

그러나 이런 큰일
찹쌀떡 장수가 오지 않는 날
언제까지 아직 돌아오지 않는 식구들을 기다려야 할까

처음부터 같은 소리
똑같이 끝까지 슬프게 팔기로
찹쌀떡!
홀쩍, 떨어지는 떡 덩이를 주워 올리고

비 오면—
누구를 찾으시는지
마당에는 늘 같은 소리
오늘, 지금, 오늘, 지금…

가슴 구멍 메우려다 떡에 찔려도
너를 찾아 돌아 천리 장작개비 떡 한 조각

내 심장 떡 한 덩이
내 속에 탱탱한 그 소리
혹 끊일까 기다리면
곧 터진다
떡 파는 소리
찹쌀떡!

사계 · 1

봄에는—
그가 왔다는
드디어 왔다는 말은 들었지만
겉옷 하나 벗는 사이에
그의 뒷모습만 보고 말았네
스친 듯 기적처럼 번지던 소식 한 줄기
제대로 웃어 보지 못한 어색한 만남은
아쉬운 연초록 새잎들이여

여름에는—
우리 어디까지 가는지
청청백백 여름날을 나팔 불고 행군할 때
오늘이 그날이다
지구 한 바퀴 도는 날
한꺼번에 터지는 풀 폭죽
쓰러지는 함성마다
통곡처럼 짙은 초록

비 오면—
기다림으로 끝내 마르지 않는 눈물
타버린 거아한 감상

가을에는—
수첩을 뒤적인다
사진도 따라서 한다
보따리를 싸는 것 같다
가을보다 더 쓸쓸한 구석이 쌓이는
이러저리 헛걸음
일생 동안 자꾸만 짐을 꾸리고 푼다

겨울에는—
빈 공원에는 빈 자리만 남아 늘 차갑다
언제부터 나를 기다렸는지
달빛 고드름
조각 난 나무의자 끝
한 빛 떨어지는 햇살이라도 우리 같이 나누자
가만히 나를 앉히고
봄 이야기 들려주며 자리를 덮힌다

사계 · 2

연녹색—
봄이 오는 길목
너 숭고한 꽃무리 여인이여
꽃에도 그늘이 있을지
죽은 듯 버티어 온 가지마다 기적
한꺼번에 풀어놓는 웃음 웃음들
새싹, 투명한 녹색의 여과지
점점이 곁가지 돋는 뾰루지
오로지 꽃
그 또한 꽃이더라
나 혼자 받기에는 너무 큰 꽃다발

태양의 노래—
날마다 흘리는 붉은 눈물
천지에 만연한 살기
차라리 숨을까
그러나 청춘이다
부끄러운 빈손일지라도 알 수 없는 내일을 열고
금 간 담벼락 쏘아대는 불화살
벗은 어깨 쉼없이 맞는 날카로운 정

비 오면—
풍덩, 지쳐 버린 여름 한낮
어디에나 수온의 자맥질

이내 심장까지 꽂힌 볕살
오늘 누가 죽겠구나
볕살과 그림자의 경계는 칼 사선
낯설다
처음부터 아무리 기다려도 낯설다
아, 이런 도시의 뒷골목이라니
차라리 가난한 아프리카의 태양을 선택하리라

갈 낙엽 —
나무 아래에 서면 저마다 나팔을 분다
아련한 굉음
여기에도 저기에도 있다
가로누운 창백한 얼굴들
간절한 소망 하나
난 아니야
낯선 바람 한 줄기 길게 켜내어
나른다, 나른다
노래를 부르며 이제야 돌아온 고향땅
시집, 마른 등 사이로 야윈 심장을 끼워 덮는다

바람에게 —
우수수 붉은 비
낙엽에 갇혀 영 떠나지 못하는 사람들

겨울바람—

남이 쓰다 버린 길을 가는 사람들
위태로운 뒷모습
계절이 벗겨버린 여분을 훈장처럼 내세울 뿐
그의 팔이라니 고사리 같다
특명, 온혈동물을 찾아라
칼바람이 불러 밤새워 들어도 아직 남은 하소연
가여운 그 쇠줄같이 날카로운 비명을
씨줄과 날줄로 엮으려 하는가
잘 들으라
배신의 시간이다
오늘밤 우리 강을 건너자
밤새껏 울어야 터지는 여명

바람에게—
그는 늘 내게 재앙이었다
온 마음 나의 눈물로
채우라고 떠미네

마을의 사계

마을,
이 말이 참 좋다
낮은 산 모퉁이 돌아가면 꼭 있을 것만 같은 낮은 지붕들
난쟁이들이 모여 산 놓고 다리 놓고 나무를 져다 심는 곳
간간이 피어오르는 실연기는 긴 향수의 꼬리로 그려 둔 곳
언덕 너머 새 언덕 민들레 들판 가득 봄의 얼굴들

용감한 친구의 귀향 앞으로
모두 부지런히 길을 낸다면
새로운 바람을 지고 오는 이 때문이다
아무래도 늘 젖은 마을을 한 번도 떠나지 못한 초라한 자존심
우리는 이제 모자를 벗어야 한다
목소리라도 살찌워 건넛산까지 보내어야지
어디에나 풍성한 나무들 키재기
여름 한낮 초록에 녹는 마을

우리 마을
이 말이 참 좋다
낮은 산등성이 아래 산 닮은 낮은 지붕들
정말 단 한 번이라도 떠나고 싶지 않은 이곳을 두고
가을이면 떠나는 사람들 왜 그리 많은지
어디든 길 치장 고운 잎 단풍들
여기 저물도록 그려 두는 이정표 하나

하얀 누명
나는 아직도 푸른데
혹시 이런 일
낯선 이 앞에 내 모습
마을과 닮은 푹 익은 편안함으로 상을 차려낸다
눈벼락 사이로 실 같은 길을 찾는
이제는 날마다 그런 풍경이 되어도 괜찮다
나그네 주저 말고 길을 물어보아라

비 오면 —
비 오면 고향 가자
눈이 내려 하얗게 바랜
깊고 깊은 고향 꿈

호박꽃의 사계

씨앗 새탈라
아무도 모르게 숨겨 온 병아리 한 쌍
이제야 땅에 내려놓나니 가만히
안간힘 모아 터트리는 꽃송이
이날을 기다려 온 우리는 노란 백합
까르르 웃는 꽃
꿈을 한 대롱 담는 날에는 온 동네 잔칫상
벌과 잔벌레의 향연에 바쁜 참 서둘러 어서 오시길
눈 가는 곳 이리저리 어디든지 펼쳐 놓은
콩콩콩
비단 비늘 풀 융단 두드리며
마음부터 달려 보내 주세요

여름날 흙길가 지친 발걸음
긴 행렬 오로지 쇠사슬 끄는 소리
순례자의 발등 위로 펴 올린 흙먼지
짙푸른 초록의 끝으로 함부로 내닫는 낭떠러지마다
태양이 할퀸 자국에 올올이 번지는 아우성
집 잃어 멈춘 바람 굵은 땀방울
순례자의 발등 위로 순전히 펴 올린 흙먼지는

투박한 여인네 둥근 얼굴 위로
토닥토닥 곱게 살찌우는 분가루
사랑이던가
아무도 모르게 지나가라고
오늘도 두텁게 덮어 두는 긴 한낮

서둘러 온 가을에
우리 모두 이날의 끝자리를 아나니
참 오래 기다려도 끝내 오지 않는 사람
반으로 접혀진 아쉬운 결실
수두룩 이야기 숨겨 둔 아마색 풀깃 사이
지치고 힘들다고
내 사랑 네 사랑 함부로 버리지 마세요
몸속까지 열어 보여 드린다면
수확, 작은 덩이 두어 개 일지라도

꽃이 꽃을 버렸네
꽃을 밟고 지나는 자리마다
눈물이 손을 잡고 계절을 건너
누구를 찾아 이토록 먼 길

비 오면 —
내 친구는 풀처럼 가난하다
눈길 닿는 한 길 저 끝까지 빈 길에
아마색 풀 한줌 흐릿

어느덧 겨울,
날 기다리다 지친 담벼락으로
눈물로 서성이던 너의 흔적
그 자리에
누구를 불러 온종일 서걱이는 긴 풀대 하나
여름 볕 아무리 날카로운 작실일지라도
그토록 소중하게 감추어 온 사랑은 침묵으로
여기 초라한 오가리 한 줌
끝내 긴 편지로 남아 마르는
너의 온기

바람에게 —
가루가 되리라
먼지가 되리라
벽이 되어
그대 창에 쌓이는 세월이 되리라

고향 · 1

떠나온 별로 가자
그 별은 나보다 나를 잘 알고 있다
깨진 유리창 너머 눈 먼 선생이
목성어를 가르치고 있을 뿐

줄줄이 먼지 행렬 떠나온 별로 가자
나의 별로 가는 정거장에는
문마다 활짝 열려 꿈꾸는 의자

고향으로 가자
떠나온 별로 가자
나침반 위로 아이 부르는 듯 종소리 댕댕

눈이 내려 하얗게 바랜 승차권
나의 별로 가자
떠나온 별로 가자
그 별은 나보다 나를 더 잘 알고 있다

비 오면 —
아이와 나 사이에 강이 하나 흐른다
눈물을 모았을까
절대로 용서가 되지 않는 깊은 강이란다

고향 · 2

고향은 과거를 닮았다
이제야 돌아온 고향
노래를 부른다
너를 찾아 머나먼 길
돌아 돌아 산고개
백 개나 달래가며 지나온 발길
고향 바로 앞에 넘어져 또다시 지나 버린 십년
고향을 듣자하니
안개 잦는 목소리에 끼워진 안타까움
그래서 고향은 과거를 닮았다
아무리 바빠도 한 걸음 늦추고
누구라도 잘 아는 듯 고개를 끄덕인다
내 삶의 이야기가 무르익는 이웃길
감이 열리고 감이 익고
감이 절로 늙어
담뱃재를 털고 황망히 일어서는 뒷모습
너무 아쉬운 인화지
자꾸만 안개가 끼어 눈물이 뭉친다
이제야 왔구나 돌아온 내 고향
달밤 피리소리 닮은 노래

끝까지 풀어 나가야 할 눈물이라지
우리는 방 안에 있고
눈 감으면 이어지는 이웃길 따라
아직 타향에 남아 있는 발자국 소리 울리네

비 오면—
우리는 한 정거장 더 가야 한다
그 집 아궁이는 아직도 따스할까

풍경이 된 이정표

여기를 보라
오늘은 누구라도 나그네
어둠이 내리기 전
날마다 검은색 긴 치마로
막대기같이 그림처럼 서 있기

하늘에는 파란색 줄 하나
땅에는 고동색 줄 하나
한가운데 나무 한 그루 비틀

열두 갈래 내저은 팔
당부의 손짓
조금 더 따스한 색으로 칠해 주세요
지나는 이에게 힘껏 노래할게요

길의 때가 잔뜩 낀 웅얼거림
지친 먼지 깔리는 길
실핏줄 타래 풀어 두루 돌아가는 길에

아— 아직도 나그네
길 위에서 간절히 길을 묻는 이에게
한 장의 풍경화가 될 수만 있다면

검은 바다 동트다

밤새도록 다독이고 두텁게 덮어 온 침묵
아무도 모르게 그 누가 다녀갔나
무거운 고요 두드리며 그저 힘으로 밀어내는 숨막힘
이런 잉태
우선 난황 하나 쑥 끄집어 올린다
숭고하여라
잉태의 핏물
주르륵 바다에 뿌려두고
또 하나 더하는 열한 번째 손가락
여린 실핏줄마다 갈라지고 터지고
이내 희뿌연 진액의 토악질
내가 마시리라 혀로 핥던 검은 바다는
여명의 바이올린
그의 노래 반경에 눕고 싶어라
밤새 달려온 기차
이제야 묽어진 그림 위로 날이 밝을까
아, 대가를 지불해야만 얻는 엄정한 거래
날마다 번지는 아픔 앞으로
작은 소녀 하나가 그런 계란을 줍고 있다

비 오면 —
흐린 여명 속 어떤 피날레
밤새 도록 비와 함께 지켜 본
너의 잉태

연날리기

줄줄이 나들이 떠난다
잡은 손 실칼 되어 하늘을 썰더니
어느새 몸 가르는 비상
너무 멀리 온 나들이

지쳐 돌아온 너의 꼬리
하늘 냄새가 난다
온갖 풀 냄새 모아
오히려 안타까운 불 냄새

몸 태워 씻긴 마알간 하늘가
바탕에 새긴 발자국
이야기 조각의 증발
누구에게도 말하지 않은
이제야 소원을 빌고 돌아온 너의 안식

잃어버린 고향의 사계

고향에 있어도 고향이 그립다
갯고둥 한 소쿠리 와그르르 쏟아지던 개구리 소리
고향에 있어도 고향이 그립다
여름밤 줄줄이 들 잠자던 식구들 머리 위로
촘촘히 박힌 별 한꺼번에 쏟아질까봐
할머니 등 뒤로 눈물 젖은 잠 길

고향에 있어도 고향이 그립다
파도살 사이로 열린 길 따라
낮은 따개비 돌무덤가에는
초라한 고모네 온종일 말라가는
생선 비늘 줄줄이 반짝이는 다래끼
고향의 가을에는 그런 풍경 하나쯤 흔들리고
피붙이들 아린 빈손 채우시려나
아버지 쪽배 저어 자꾸만 멀어지던 밤바다 노랫소리

고향에 있어도 고향이 그립다
어머니 졸면서 수놓으시던
내 여학교 소품 위로 손가락 찔린 핏방울 하나
번번이 춥다 춥다 춥대장
잊을 만하면 장지문 바르르 길게 우는 겨울 바람

비 오면—
고향에 있어도 고향이 그립다
너만 있으면 정말 행복할 텐데

밤새워 아버지 뱃길 정성으로 밝히시는
어머니의 긴 한숨의 온기로
아직도 푸근한 고향길, 까무룩 그런 잠길

정말 고향에 있어도 고향이 그립다
지금은 흐려진 별과
매립으로 멀리 물러난 밋밋한 바다 절벽
고향에 있어도 고향이 더욱 그립다
집 뒤곁 뭇별의 폭포수
은별 나락 쏟아지던 엊그제의 그 언덕
쉬었다 한꺼번에 와그르르 터지던
개구리 소리 귀가 아파도
언제나 조용하던 고향의 까만 밤이

달팽이 기던 갯둑 우루루 무너진 터
순이야 무덤가에 쑥 캐러 나오너라
바다 건너 오늘은 봄이 왔구나
모진 겨울 잘 달래어 보내는 냉이 들판
겨울의 꼬리 어색한 화친
아직은 조금 남아 있다
고향 빛, 여린 갯 내음이랑

비 오면 —
고향에 있어도 고향이 그립다
어린 날 나보다 더 길게 울던 문풍지 소리

길

굽이굽이 산음 돌아
서러워라 촌촌걸식
실타래 던져 풀어놓은 갈래길에
낮은 돌담 웅얼거림 나직이 헤아리다
수두룩 아린 이야기는
시가 되어 내가 되어
모른 척 너를 돌아 흐르는 길에
나만큼 걸어온 지팡이 끝으로
그림자 흘낏!
오늘도 백 번에 백 번을 더해 두드려야 열리는
너의 마음

굽이굽이 산음 돌아
서러워라 촌촌걸식
구십 춘광 꺾인 허리
손주 사랑 할머니 길
산모롱이 돌아가면 길가에 앉은 아이
한 바퀴 휘돌아야 처음으로 가는 참에
돌담의 속삭임 눈길 흐릿!
길 가다 길을 잃어도
가야 할 약속
오늘도 하늘처럼 널린 길

비 오면 —
내가 가장 하고 싶은 일은
친구와 나란히 시골버스 정류장에서
완행버스를 기다리고 싶다

가을 나그네

높고 높고 높아
망망한 하늘가에
철새로 옷 입은 몸단장에
나래가 무거우면 구름장에 얹어두고
길이래야 오직 외길
얼마나 멀리 갈지 묻지 않는 하늘길
점으로 올라 점으로 녹을까

멀고 멀고 멀고
가는 길 끝없어 아무것도 아닌 하늘을
오늘은 무엇이며 내일은 또 어떠하리
손 잡아 더 높은 하늘을 두고
줄 따라 길 따라 세월을 저어라

바람의 집은 들판입니다

아세요
꽃들의 집이 천국이듯이
바람의 집은 들판입니다
외로운 들길 나란히 손잡으면
두 개의 꽃날개로 날아서 갑니다
동글동글 아이 울음
강 건너온 꽃 소식
들판에는 뿌연 봄빛 풀어집니다

오늘도 가녀린 풀 손 흔들어
놀다 놀다 지치면 찾아오려마
고운 그대 기다리는 지평선 정원

그러기에 아마도 바람의 집은 들판입니다
꿈마다 따스한 안개 속 걸어
분분히 날리는 꽃말의 정충들
한바탕 바람이 앉았다 떠난 자리
들판에는 봄꽃 소식 다시 한가득 풀어놓습니다

바람에게 —
비 오면 들로 가자
바람 노래 들려오면 풀장에 잘 적어 두고서

언제나 끊일 새 없는 노래
오늘도 상냥한 바람의 속살거림
그러니까 이야기의 집이 추억이라면
바람의 집은 저기, 저기 보이는 들판입니다

바람에게 —
새야, 어디까지 가는 흰 새야
아무도 모르게
빛 되어 날아올라라

황무지

그대를 찾아 헤맨 들
삵이 살고
범이 사는지
한낮이면 창살 가는 피울음

나는 늙도록
그대의 이름을 알지 못했고
그저 아프리카의 붉은 흙을 사랑했었다

나는 이제 지쳐서 그대를 만난다
시뻘건 빈 들에 잡초가 서식하고
새끼를 치고 사람의 발목을 찍어 넘기고

이제까지 내가 알고 있던 것은 모함이다
붉은색 겉옷은 알고 보니 네 심장
그대의 심장에 남은 양철집
뒷모습뿐인 그 집에는 누가 살고 있을까

비 오면—
누굴까
먼지 낀 창가에 가득
하얀 얼굴들의 난무

지나는 이에게 풀 한 줌 내미는 고독한 손바닥
더러 갈라지고
노옹을 만나거라
맨등을 후벼 먼지를 일으키고
풀씨를 심어 온 아득한 삶

노옹을 만나거든
흙 묻은 지팡이를 받아 들고
풀더미 헤쳐 오롯한 길을 내어
삐거덕 창이 열리는 날

태양이 그대를 불처럼 불어가도
애써 풀 한 포기 키울 수 있다면
그 이름을 함부로 부르지 않겠다
황무지라고

눈 오면 —
하얀 이빨들의 행진
주르륵
누구의 창문을 닦은 검은 눈물

들콩

구석기시대 화석에 박혀 있던 눈알 한 개
세상을 두리번거리다
폴짝 뛰어 가마솥 안에서 들들 볶는다
줄줄이 백 번을 기다리다
줄줄이 백 번을 구르다
백 번을 빨갛게 속까지 태워야 이루어지는 만남
어떤 비상구
누군가의 긴 장을 돌아서 흐르는 자존심

그렇게 태어나는 날
사랑하는 이의 심장으로 날아가는 화살촉
매맞는 자리마다 수두룩 박힌 콩자국
열꽃 터지는 아픔으로 갈라진 태열 자국
검은 눈알 한가운데 잔 점 동공을 열고

문이 너무 높아요
하늘 향해
아무도 모르게 밤새도록 기어오르는 땀방울 하나
부르는 노래마다 화석이 되어 여기까지 걸어와
지구 위로 무너지는 암벽 틈새 올올이 나들이 박힌
알 하나 하나 부지런히 후벼내는 송곳 이야기

비 오면—
비 내음, 공 단내
어머니 비 마중
콩 볶는 솥 냄비 소리
다르륵 다르륵

수고한 대가로 내가 받은 면죄부
세상살이 얼마나 힘들었을까
모난 데 하나 없이 동글동글 깎인 얼굴
온종일 뙤약볕 들판 구르는 아픈 가시쯤이야
단비 같은 한마디
어젯밤 콩서리 참 좋았어
그런 칭찬의 매라도 흠씬 두들겨 주기를

들 가운데 집 하나는 꼭 있다

들 가운데 집 하나는 꼭 있다
길 가는 나그네 쉬었다 가라고
비낀 그늘 놓아 조용한 툇마루

들 가운데 집 하나는 꼭 있다
잘 포개진 세간
아, 집주인은 어디 조금 멀리 다니러 갔구나
소중한 잡살뱅이 기억을 싸서
머리맡 수군수군
편안히 잠 길 떠나갔구나

정지간 비틀린 문틈 사이
솥전을 타고 시간에 흐려지는 윤기
누군가 바쁜 아침
누군가 어둔 저녁
급히 지은 무른 밥을
강된장국 혀둘러 맛있게 먹어 온
그을음 흔적 위로
온통 귀뚜라미 분주히 울어 지키는 고요

어디쯤 오시는지
목 빼고 살피는 지붕 위로 풀대 두엇 건들
까무룩 키재기마저 심심한 곳
집 옆구리 꼬부랑 돌아 잡초 사이 묻힌 길
살그머니 발등 걷어 돌아오면 되는데

오시는 길 있었나 정말
외로운 조바심 함부로 떨며 우는 어릿한 방문 그림자
아련한 그늘에 묻혀
그다지 멀리 전하지 못하는 기척
여기 누구 살아요?

들 가운데 집 하나는 꼭 있다
제 가슴 헐도록 제 울음 지친 귀뚜라미
어디 가는 길이냐고 마침내 물어 오는 곳
적막이다
먼지조차 지나지 않는 고적함의 균함을 타고
내 사는 곳 울어 닳도록 날마다 지친 침묵의 목

비 오면 —
뒷문을 열면 한적한 바람
앞 냇강 뒷 냇강 풀잎 하나 동동

빈 들 가운데 그런 집 하나는 꼭 있다
아픔은 짙은 그늘로 감춘 곳
풀장마다 써 놓은 나 잘 있다는 소식
점잖은 척 네 선자리
던져둔 채 맴돌아도
푸른 이끼로 쌓이는 기다림은
길 가는 나그네 쉬었다 가라고
햇살 비켜 그늘 놓아 조용한 툇마루

지금도 풀 가운데 둥둥 떠다니는
들 가운데 그런 집 하나는 꼭 있다

바람에게 —
늘 미움만 받던 가난
넌 잠잠하거라
그늘로도 감출 수 없던 고독

제3부

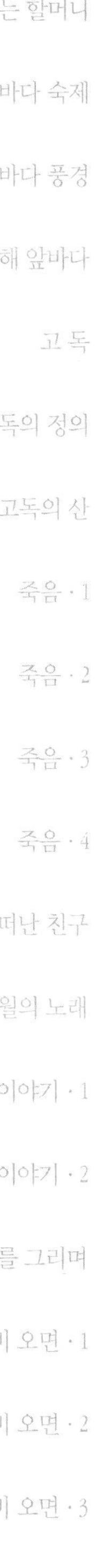

미역 따는 할머니

바다 숙제

바다 풍경

진해 앞바다

고 독

고독의 정의

고독의 산

죽음 · 1

죽음 · 2

죽음 · 3

죽음 · 4

길 떠난 친구

유월의 노래

나뭇잎 이야기 · 1

나뭇잎 이야기 · 2

친구를 그리며

비 오면 · 1

비 오면 · 2

비 오면 · 3

미역 따는 할머니

우리 할머니 집은 파도 사이에 있다
태풍에 뭉친 이야기 우르릉 달려 나오면
님 마중 바쁜 걸음 할머니 대 지팡이
신바람 할머니 건성건성 이야기 조각
너덜너덜 파도살 사이로 끄집어내어
단단히 결박하고 대발에 널어 사형시킨다
흰 거품 내뱉는 반 죽음 이야기
사각사각 사금 조각 소금 이야기
햇살에 부서질 때마다
은 조각 천 개씩 좌르르
'미역 사소
잘 마른 미역 사소
바다가 여깄소
참 바다라오'
짭조름 바다 하품 끼워서 판다

비 오면 —
오히려 바다 소리
백 번을 혀로 핥아 씻은 빛 조각
다이아 가루, 금 소금 한 줌

바다 숙제

산 조각 바다 조각 두 줄로 세워 말린다
갯장어는 깊은 산속 물뱀을 만나고
갯고둥 논고둥 줄지어 늘어놓고
이제 구름만 기다리는 밤
달이 지도록 내 손바닥 기는 달팽이
네 집이 어딘가
발각된 두려움
여기까지 꺼내어 길에 버리고 돌아오는 길
짓이겨진 바다 내음
아픈 가슴에 붙이는 산 따개비는 운지 버섯
미역 숲 사이로 퍼지는 매캐한 상처 내음
길게 따라오는 독사의 행렬
사금파리 긁는 가려움으로
타라락 튀는 기억
산에서 거꾸로 빠지는 바다
다시 바다를 건져 산까지 올리려 애쓰는 파도는
너무 아파 못 견디게 멍들면
오늘의 숙제는 여기까지 끝
제자리 맴도는 파란 파도

바다 풍경

바다가 화내면 무섭다
바다가 가만히 있을 때면 우리는 눈치껏 그의 것을 가져온다
잠든 그의 등을 헐고 그가 숨겨둔 오색 물고기를 훔치거나
그가 잠시 벗어놓은 떡 파래 비늘을 주워 조개를 싸안고
그때마다 신이 나는 바닷길
만선, 귀향길 노을은 황금을 이고서 온다
바닷가에 고기전을 펼친 사람들
심지도 가꾸지도 않은 바다를 철석같이 믿고
백 년을 둘러앉은 이기주의자들
누구 허락으로 바다를 팔아먹어
내가 낳은 고기야 여기에 다 모여 있지
미움도 쌓이면 그냥 버려두지 못하는 덤
바다까지 얹어주자니 생선전 지날 때
두어 마리 흘리고 바쁜 척 달아난다
정이 쌓이고 덤이 쌓여 올라가는 소금기둥
가루져 부서져도 여기가 나의 고향
밤이 깊고 새벽이 오기까지
손에서 손으로 건너다니는 황금비늘
우리 모두는 빛나는 바다 가족
화를 잘 내지 않는 바다
탈처럼 끄덕끄덕 따라 웃는다

비 오면 —
파랗게 멍든 너의 몸
미안해 먼저 말하려 하면
털썩 내 앞에 무릎 꿇는 저 파도

진해 앞바다

어설픈 어부 계류 줄 맬 때
제 그림자 끼워두고 돌아간다
고기만 걷어간다
바다 때문에 엉형형
송곳니로 노가리살 찢는 어설픈 어부
바다살을 파먹는 벌레들
바다를 털어내지 않고 말리다니
살은 몹 질기고 씁쓸한 맛
바다의 그림자를 밟으며 그의 생선처럼 말라 간다
경화동 헌 골목시장 등 굽은 외할머니들
팔다 팔다 남아서 말라 가는 생선 소쿠리
가만히 바다에 띄우면
어느새 살아나 바다로 환생하는 의식
갈파래 미끄러질 놈, 떡 파래 똥구멍 닦는 놈
다시 배를 띄운다
포구 사람들은 그림자를 바다에 띄워야
바다에 앉았어도 바다가 그리운 사람들
말린 고기를 보면 흡혈귀
나의 살이라는 일만의 선서
바다에 누워야 얻어갈 수 있는 갯내까지

포구에 부는 바람은
허물로 버려지는 어부의 그림자를 모아
바다를 가만히 덮고
오늘따라 소소히 웃는 바다 이끼

비 오면—
풍성한 온수
돌아올 때는 노을
황금을 이고서 온다

고 독

바람에게서 난다
바람보다 더한 바람
황혼이 밀리면 풀색 그늘을 펴고
슥슥
고독을 비벼 건네는 술 한잔
그가 주는 잔을 받으라
빈집 냄새가 난다
부정할 수 없는 패배의 장난에
그다지 멀리 가지 못한 채
이러저리 부딪쳐 상처 난 몸들끼리
술잔을 돌리며 화해를 청하는 밤
항용 검은색이다
누명을 덮고 친구라고 믿었던 술잔의 배신
그는 늘 내 살 속에 박힌 식객
석석한 밤마다 살 속으로 더욱 파고드는 너
우리의 건널 산이란
푸른 깃을 접지도 못하고 내버려 둔 밤
여기 나보다 더 새벽을 기다리는 너
기억의 고리들 사등뼈를 나누는 의식
내 안의 내가 나눈 도막들
잘 포장한 다음 냉동실로 보내어진다
우리는 언제 녹을까

고독의 정의

그를 정의하겠다니
어디까지 갔다 온 바람일까
솟구치는 폭포수
바람이 불면
울어지친 민낯으로 들여다보는 거울

처음부터 그를 정의하겠다는 발상
네가 고독을 어찌 말해
늑대처럼 울다
고양이처럼 웅크릴 테지

달아날 수 없는 장마통
감추면 감출수록 속으로 파고드는
너를 정죄하나니
모두 끄집어내어 오늘은 기필코 불을 지핀다
이내 심장을 태우는 불길이 타오르고
빙글빙글 돌아가는 검은 무리들
가소롭구나
검은 원으로 무엇을 흉내 낼까
너 아무리 뜨거워도 고독한 살점에 비할까

바람에게 —
비 오면 들로 가자
잃은 것 하나 없이 포개져 기다리는

살라진 고독이 하늘길을 열었다
그것도 이야기라고 연기를 피웠니
바람의 코웃음
내게 가까이 다가오는 큰 산
점점 걷을 수 없는 장막
밀물의 회오리에
그만 풍덩!
아무도 그 후로 입을 열지 않는다

바람에게 —
시를 적어 보낼 때에는 바람을 싸서 보낸다
하고도 못다 한 말은 어디다 적어 둘까

고독의 산

고독이 산을 넘는다
그 문으로 가난한 바람이
먼지처럼 고개를 따라 넘고
고독이 넘은 산 너머 산
밤이 깊으면 불빛 하나 찾으려나
가난한 등정에 굽은 지팡이나마
나 혼자 쌓은 성이 고독의 산일 줄
말하라
어젯밤 그가 한 짓을 숨기지 말라
끝까지 달려도 어디에나 닫힌 문
고독이 고독에게 말을 걸지만
그러나 고독끼리 손을 잡은 적은 없었다
이때까지 한 번도

바람에게 —
노래하자더니
저 혼자 울고 섰네

죽음 · 1

고통의 허기진 기도는 겸손을 빚는 도공이다
걸치레 모두 털고
종이 옷 한장 받아 병상에 눕는 날
더 이상 벗을 것 없는 홑몸더러
또 내미는 손
주이도 주이도 그 끝에는 무엇이 기다릴끼
그동안 받은 것 도로 돌려주는 과정이
이토록 산일 줄

고통의 눈물로 가르칠 수 없는 사람은 없다
그래야만 왔던 곳으로 돌아갈 수 있을지
오늘 벗어 준 허세가 이것뿐이라고
아무리 설득해도
용서되지 않는 강
끝내 되돌려 준
하나 남았던 마지막 그것은

죽음 · 2

가진 것 누리던 것 모두 바쳐도 용서되지 않는 강
찌들려 졸은 가슴
병마의 달밤에
빨갛게 타도록 아무도 모르는 고통의 긴 강을
아이와 나 사이에 강이 하나 흐른다
눈물을 모았을까
절대로 용서가 되지 않는 깊은 강이란다

어디선가 배냇저고리 펼쳐 두고 기다릴까
또 다른 잉태라 말할 수 있는가
군살 깎아 고통 빚는 미로의 시간
겸손으로 옷 갈아입고 오롯이 앉아

할 말이 아직 남아 훨훨 남겨진 한 줌의 재
피안의 강가에 꽃몸 되어 흩날리는 날
나는 보석처럼 노래하리라
당신은 빛나는 나의 붉은 꽃
마지못해 병마에 쫓겨 갔지만
한때는 별처럼 살다 갔다고
아직도 기억하며 잊어가는 것

눈 오면—
잔인한 흰옷
얼마나 아파야 그 끝이 보일지
슬퍼, 언제나 기억은 남은 자의 몫

죽음 · 3

죽음은 아무리 둘러가도 슬픔이다
변명으로 흐려지는 모습 뒤에 웃고 있는 진실
누가 왔나요
그가 갔구나
눈물로 잘 달래어 배웅한 죽음
가다가다 뒤돌아보고 정말 이 길이 맞나요
유난히 흰 얼굴 낯선 길의 옆모습
이제까지 즐겨보던 거울을 접은 채
아, 정말 떠나는구나
질기고 질기던 누구 누구의 삶
그보다 더 질긴 마지막 길의 유혹
울음 섞인 길섶으로
여름 볕살 두터운 먼지조차
소복소복 이야기 가만히 얹어두고
가는 길
외길
멈추는 시간
먼지 되어 자꾸만 가라앉는 윤기
떠나기 위해 태어나다니
어처구니없는 반증법 앞에

눈 오면 —
죽음은 아무리 둘러가도 슬픔이었네
편지를 쓰면서 우는 당신
눈물에 젖은 편지는 어느새 얼어 버렸네

잃어버렸다고 두리번거리지 말라

태어나지 않은 셈
원점으로 가는 참에
저리도 눈부신 먼지조차 고운 단장
내 이야기 얹어 둔 길가 풀잎들
한장, 두장……
나를 기다렸구나
손 저어 손 잡아
가는 길 저 길 끝
쉽사리 내색 않는 너는 누구인지

눈오면—
죽음은 아무리 둘러가도 슬픔이었네
편지를 쓰면서 우는 당신
얼어버린 편지는 끝내 부칠 수 없었네

죽음 · 4

강둑을 둘러선 인파의 박수갈채
이곳 연어는 붉은 물에서 산다
강을 거슬러 오를 때마다
하나씩 벗겨진 비늘
붉은 물 연어는 왜 빨간가
푸른 물이 아픈 반 가시수로를 핥아
올올이 물든 빨강
서로 몸 비비고 나아 온 길을 알기에
가진 것 하나씩 비늘 떨구고
알몸보다 부끄러운 심장만 남긴 채
새로이 선물 받는 새 생명을 만나 보라
씨앗이든 고기알이든

길 떠난 친구

친구가 떠난다
달력을 거꾸로 넘기면 그는 살아난다
몇달 전 메모 속에서
3. ○○병원 영안실에서
2. ○○병원 끝내 입원함
1. 파리한 네 얼굴 가을 끝 같아
0. 눈 감아도 정말 아픈 거니

그래도 참 곱다
아픔까지 섞어 웃는 너
너는 이제 순수한 거니
그것밖에는
그것도 길이었니
비스듬히 묻는 내게 그는 선물을 건넨다
십자수, 열쇠고리, 증명사진 등
빛 바랠라 안타까운 기억들
행여 다칠세라 고이고이 접는다

늘 내가 되었다가 그가 되는 나
그러나 내가 아는 이들은
이제 그를 이야기 속에 끼워주지 않는다
그러므로 친구는 차츰 더 죽어버린다

바람에게 —
꽃들의 집은 천국
바람의 집은 들판이듯이
이제 이야기의 집은 추억입니다

유월의 노래

지금은 유월
그래 피로 산 유월이구나
오십 년도 유월달 피난길에 태어난 오빠는
날마다 군복만 입고 살았다
처음에는 앳된 하사 월남전 가더니
고엽제 바른 몸에
여름날 짧은 생을 군인 꿈만 꾸다 갔다
언제나 한자리 머리맡에 모시던
해병대 붉은 성장은
누가 벽에 도로 걸어줄까
여기에도 저기에도 이제 없지만
오빠 떠나신 유월에 하늘가로 미리 올린 초연
풀나라, 오빠 누우신 자리 현충원에는
언제나 유월의 이야기만 풀따라 가득하다
떠나가도 끝이 아닌
저마다 빛나는 그날의 무용담

풀바람 입을 빌어 오늘도 부른다
군인복을 즐겨입던
○○○하사 여기에 잠들다

바람에게 —
풀나라 잠든 유택
풀바람 입을 빌어 간절히 부른다
한때는 우리 모두 꽃이었다고

나뭇잎 이야기 · 1

낙엽, 같이 떠나자는 인사
다정히 팔을 걸어 오기까지

낙엽, 추운지 물어온다
어디 가는 길인가요
되묻는 나

낙엽, 야윈 잎맥 따라 둘러 가는 길
너를 따라 끝없이 녹슨 철길

낙엽, 나뭇잎 소리는 마음속으로부터 달려온다
늘 같은 그 소리 가랑가랑

낙엽, 가을 길 두런두런 이야기 소리
바스락 바스락 나뭇잎 소리

낙엽, 언제나 꽃이었어요
그대는 지금도 붉은 꽃

낙엽, 참 겸손한 그대
당신의 의자를 내미는군요

바람에게 —
노랫소리 들려 온다
가을 노래는 겨울로 이어지는 길목
나뭇잎 비 소리

나뭇잎 이야기 · 2

낙엽,　눈앞에 가득 차는 빨강
　　　한 장의 그림으로 채워지는 가을

낙엽,　재주 부린 낱글자 아무리 모아도
　　　낙엽 한 장만 못한 내 편지

낙엽,　넘어온 그 고개 단풍이 짙던가요
　　　뭐라고 말 전하라던가요

낙엽,　낙엽의 뒷모습은 졸업앨범 같다
　　　언제나 떠날 준비로 창백한 그늘

낙엽,　낙엽이 가는 길은 나의 옆모습
　　　겨울 속 같이 가며 조용히 웃는다

바람에게 —
누군가 가만히 일어선다
그의 머리카락은 어느새 가을 냄새
나뭇잎 비

친구를 그리며

진즉에 떠났다 한다
폭풍같이 그때를 우는 그의 언니
친구는—
내게는 한마디 말도 없이 그 이름을 버렸다
오늘처럼 가을날,
가을 속에는
아직도 남아 있는 아이 적 네가 산다
가을인 네가 남아서 산다
널 향해 떠났던 국화 향이 되돌아오는 날
거두지 못한 채 얼어가는
더미 더미 얼음꽃
국화꽃 겨레
누구를 기다려 선 채로 추위에 부푸는 얼굴들
앉지도 못하고 꽃과 나
친구와 나는 아직도 그곳에 있다
조금씩 더 어두워지고
조금씩 더 추워지는데
기억은 두고 왔다
그저 서 있을 뿐
그저 서 있을 뿐

바람에게 —
똑, 똑, 똑……
누구신가요
아무일, 그냥 지나가는 나그네입니다

비 오면 · 1

그때를 생각하고 그때를 우는 나
함부로 건드린 감정선 하나
어느새 파란 수조에 잠긴다

눈물이 파란색인 줄 아는 때
수조물 다 마셔야 나갈 수 있는 것을

마시고 마시고 통째로 마시고
마시고 마시고 마실수록 목마름이여

빗줄기 하나 뽑아 노를 삼자니
이리 부딪고 저리 부딪는다
흔들리는 수조 위로
보라 이제 한비가 내리고 있다
곧 수조는 넘칠 것이다

마침내 처음으로 돌아갈 수 있는 시간이 온다
누구에게나 아프던 그때
그때에도 처음부터 울고 있을까

비 오면 —
어머니 날 낳아 누여 놓고서
나 몰래 가만히 떠나는 소리

비 오면 · 2

비는 뒷모습마다 감추려는 눈물자국이다
비는 밀렸다 포개지는 흐린 얼굴이다

나를 울린 것은 어젯밤 늦은 술자리가 아니고
헤드라이트 불빛 속에 명멸하는 얼굴
서둘러 앞을 가려도 끈덕지게 달라붙는 눈물
늘 나를 울린 것은 끝까지 따라오는 종소리
부지런히 그 잔인한 원의 반경에서 달아나는 것

우선 먼 데서 가슴 치며 달려오는 얼굴
생각나지 않는 이름을 털어내 지우려
애써 지우려 더 지우려
뭘까, 벌써 잊은
꼭 그리움만은 아닌
꼭 그래야만 할 것 같은
추적추적 눈물 붙는 것

여기 비 오면—
한줄기 불빛 길따라 더 밝아진
비가 씻은 그림 한장 오롯

비 오면—
세상 먼지 두루 닦아
내 앞에 털썩 무릎 꿇는
순결한 너의 고백

비는 뒷모습마다 감추려는 눈물자국이다
나를 울린 것은 속까지 보여 준
너의 진실뿐

비 오면 —
모독이다
물에 대한 모독이다
너를 찍은 붓으로
눈물을 그리다니

비 오면 · 3

비 온다
어머니 부르신다
나직한 평화
비 오는 날에만 보이는 문 하나
살그머니 디밀면
어느새 피어나는 내음

어머니 쌀뜨물에 호박잎 적셔 놓고
배추 풋국 차려 나를 기다리신다
툭, 터지는 풋기억
툭, 눈가에 빗방울 하나
풋내음 아린 기억
쌈장에 싸서 목으로 넘긴다
국보다 뜨거운 비가 가슴을 훑고
아, 나는 땀보다 눈물
국보다 젖내를 마시고

달 어머니 날 기다려 늘 비 내리던 문지방
어머니 풀 먹인 포플린 저고리 숨이 지도록
비 하나 가린 어머니
아, 그날
비 오던 그때 그날
내 어머니가 나보다 곱던 시절이었구나

비 오면—
생전에 옷 한 벌 지어 드리지 못하였는데
어머니 버선 벗어 나를 주시오
오늘 강에 깨끗이 지어 드릴게

제4부

태양의 담장

태양의 여신

아프리카의 태양

황톳물

그 목소리여

가수에게 헌시를

남으로 누워 잔다

그림자

가난한 그림자

옷 그림자

역을 지난다

기차 여행

늙은 철길

봄 오기

거울 · 1

거울 · 2

거울 · 3

슬픈 포도

작은 이별

작은 봄소식

다시 비 오면

태양의 담장

내 집을 짓는다면 담장부터 꾸미리라
아프리카의 흙을 져다 낮은 담장을 칠하고
황토색 담장 위로 붉은 태양 한줌 듬뿍 얹어 두리라

지나던 길손이 한빛 따라 멈추고
길손의 몫으로 두툼한 햇살이 더해지면
오나가나 덧칠하기

태양이 달린다
담장을 타고
달리던 태양이 종일 쌓이고 종일 엉기다
이런 젤리
태양 한 덩어리 그만 뚝 떨어지면
어느새 불바다
상처 난 저녁놀에
황토빛 담장마다 물드는 주홍

서둘러
불 조각 재 줍는 어둠이 오기 전에
우리 아프리카로 떠나자

태양의 여신

붉은 흙으로 빚은 곳에서 살 동안 나는 붉은 얼굴로 산다
흙에다 흙을 더해 살이 붙고 살이 익어 나는 그곳 임금이 되어
날마다 나는 붉은 흙으로 빚어 올린 기둥을 헤아리는 일을 한다
사람들은 흙으로 무언가를 만드는 장난으로 하루를 보내고
그래도 심심하면 흙을 모아 햇발에 구워 사형시키며 논다

그렇게 쌓아올린 배흘림기둥 돌아
세상일 아무것도 아닌
황토 먼지 아득한 밀림
갈 길 먼 그곳에는 무언가 있을 것만 같다
옛부터 나를 기다려 온 어떤 영상
찰나의 빛으로 내 혼에 찍혀버린 마법

어디에나 황토의 마법에 걸린 채
사람들은 떡에도 흙을 발라 서로 건네고
앳둥이도 흙을 발라 씻겨서 키우고
흙으로 놀다 보니 어느새 까무룩
흙에 나서 흙에 뒹굴다 흙에 묻히는 일

잘하면 나도 흔적 없이 살다 갈 수 있겠다
그래 우리 지금 당장 아프리카로 떠나자

바람에게 —
기다리는 동안 나는 바람이 된다
울음은 흙으로 바꿔 고
어느새 담장을 칠하는 흙노래

아프리카의 태양

바람이 걸러낸다
곳곳에 부지런히 거미줄 삼각 걸어
태양을 깨끗이 채에 내리고
한장 남아 순수한 평면

자세히 보라
그들의 그릇은 날마다 진빨강
태양의 산물이 고이도록 어디에나 진득진득

나는 너를 알아
사랑한 적도 있는 걸
태양이 머리 꼭대기에 짓무르도록 멈추는 곳
먼지조차 아련한 기억
모든 딸들의 고향

차곡차곡 쌓은 시간의 켜
천 년을 그대로 나의 방으로 옮기려 하나
단지 태양의 실체를 모를 뿐
안타까울 뿐
누구 아프리카의 진 얼굴을 알아
너 그곳에 혹시 고향을 맡겨두지 않았니

바람에게 —
태양의 실체
오늘은
그 젤리의 비밀을 벗기우려나

황톳물

누구의 살점을 헐어
물보다 피
내의 심장을 탈탈 털고
개울의 허파를 헤쳐
흐르는 피를 씻는 거룩한 의식
제물은
모두들 아픈 가슴 꺼내어 물에 담근다
그러니까 황톳물은 붉은 피를 씻은 탓이군요
이어 달리는 피의 행군
흐르다 흐르다 지치면
사진을 찍으려나
가끔 멈추어 뒤돌아보면
순간과 순간이 손을 잡아
잠시도 쉬지 않더니
여럿 심장 씻어 가라앉은 앙금
염려는 잊자
모여라
세상 더러움 띄워 보냈더니
고마워라
어느새 맑아진 장마통 염천

비 오면 —
꽃은 님에게 드리고
이제 뛰어 내리자
황토 내, 나의 뒷모습들의 행렬

그 목소리여

—에디트 피아프

오래된 흑백영화 속에는 아직도 비가 내린다
단신의 그가 더 이상 늙지 않는 모습으로 나를 바라보는 벽
빠안히, 웃으려는가
삐에로를 닮았다
그의 성장은 언제나 비요일
검은 물결 커튼 흐르고
광선이 멈춘 한 장의 옷깃 따라
빗물에 녹고
먼지 낀 목소리로 누군가를 부르는
추적추적 비좁은 골목길 지나
다시 빗물에 녹을 때까지
겉을 뚫고 곧바로 심장을 건드리는 애절함
'그 문을 열면 나의 과거가 행진하네요'
이제 보니 빈손이다
텅 빈 창자에 가득 차는 것은
트럼펫 녹슨 소리
긴—
독처럼 가슴 후비는 칼바도스
그의 샹송이 비와 섞인 한 잔의 기억
에디트 피아프!

가수에게 헌시를

—조영남 님에게

내가 서울에 간다면 그를 만나기 위해서다
서울 어디쯤 가가호호 노래 등불 달며 걷고 있다던데
지나는 이마다 조롱꽃 속에 끼워진 노래 편지 한 장씩
열어 보는 축복을
잊을 듯하면 영 잊을까 다시 열어 보는 노래 편지들

어디서 물소리
어디서 바람 소리
풀깃마다 숨겨진 음표를 불러내어
이제 우리는 신의 제전으로 간다

바람마다 노래를 달고 노래마다 마주 잡은 손
배흘림기둥 돌아 쌓이는 안식
거치른 들에 별이 내리듯
하늘의 악기 빌어 그대 입 맞춘 감상
뮤즈의 실수, 떨어뜨린 그림자
땅으로 내릴 동안 지치지 마소서

신이여!
내 다시 태어나도록 그의 노래 끊이지 않게
내 다시 태어나도록 그의 노래 반경에 부디 날 놓아주소서

남으로 누워 잔다

남에는 비단 바람 별들이 산다
낮이면 돌담 사이 이끼 잠자고
순이가 아장아장 팽이 치마 따라가고
무심한 저녁놀 그늘이 되었다가
돌아올 때는 별밤
그렁그렁 눈물을 안고서 온다
깜박 깜박 빛나는 별 순이 별 내 별
그러니까 눈물을 흘려야 맑아지는 별빛이구나
초롱초롱 간들간들
순이 울음 바구니에 담아 흔들자
순이 달래려 순이 보라고
순이 뒤를 따르며 반짝이는 별

남으로 누워 잔다
아기별 하나
순이 얼굴 잊을까 깜박이는 작은 별
깜박깜박 조는 별
별마다 고운 별 잠들기 전에
담쟁이 이파리 별에 부치고
우리 우리 별따라 줄지어 들로 가자

들려오는 노랫소리 곱디고운 별 노래
바구니 매달아 오늘 하루 넣어두고
별 보라고 마당가에 가만히 놓아두자
초롱초롱 쟁긋쟁긋 아기별 졸 때면
가슴마다 새겨지는 별 노래 들 노래
님으로 누워 자는 아기별 하니

비 오면 —
가만, 가만히 오세요
소중한 꿈의 집은
조용히 졸고 있는 이끼의 노래입니다

그림자

나는 사람이 아닐지도 모른다
하지만 어떤 생
그림자 = 햇살을 거르고 남은 찌꺼기라고
함부로 던지거나 특히 다리 난간에 걸쳐 두지 마요
햇살이 밝을수록 더욱 짙어지는 몸피를
나를 위해 차린 밥상이라니요
다만 나의 사진은 그림자 눌어 겹친 앤디 워홀의 얼굴들

겨우 여명이 터지기를 기다려 그늘에 숨거나
지나는 이를 졸졸 따라가는 일
이제는 그런 노릇 밥 벌기 싫어
셋이 모이는 식탁이면 언제나 구겨지는 나
일상에서 벗어날까봐
부르르 일어서는 흐린 치즈 한 조각

낮 동안은 그런 옷이라도 얻어 입지만
밤이면 죽어 버리오
애석하게도
밑바닥까지 떨어지는 어지러운 키스 자국
나의 형량, 공소시효는 언제 벨이 울립니까

바람에게 —
거기 누구 있어요
잔인한 첫 마디에 홀린 가슴
나는 창문부터 열어 두었네

시작도 끝도 아닌 가둘 수 없는 고난
누가 꿰었나
이런 무한 사이클은
함부로 짓밟지나 말지
산 자여,
오늘 나에게 남는 흰 옷 한 벌만 빌려 주오

비 오면 —
누군가 창문을 두드리네
반가움에 열어 보는 창문가에는
빛보다 그림자
눈물의 행진

가난한 그림자

가난, 단 한 벌의 외투
벗어 버릴 수 없는 자존심
스스로 높다
난간에 서서 하루 종일 바람을 맞아도
잃을 것 없는 자유
동전의 차가움을 헤아리는 여유와 더불어
한 가지 생각만으로 단순한 편리
더구나 감히 다른 이의 삶을 노리지 않는 겸손
누구도 탐내지 않는 나만의 고귀한 시간이여
너를 정죄하나니
너를 배웅하나니
야윈 이빨들의 행진
아무것도 아닌 빼곡한 나날들
어제와 꼭 베낀 오늘 하루여
감히 나의 시간을 몰라보는 부당함
날마다 아무도 묻지 않는 안녕이었네

바람에게 —
내 친구는 풀처럼 가난하다
덜거덕, 삐걱
그는 늘 빈 가방을 끌고 온다

옷 그림자

옷이 나를 범하려 한다
내가 만약 죽는다면 옷에 눌려 죽을 것이다
살기 위해서 이제 나는 옷을 버려야 한다
훌훌 벗어 던졌더니
숨었던 내가 오돌돌 보이고
이제야 옷이 떠내려간다
떠나는 옷이 내가 낀 모습을 기억해 내려고 바둥거리고
그 많은 그림자는 어떻게 하지
자칫 내가 버리려는 것 아니냐고
재차 변명하며 묻는 옷
모른 척 그림자마저 벗어던졌더니
이제야 옷이 제대로 떠내려간다
몸 한 개피에 백 벌의 옷은 너무해
찌그러진 단춧구멍 사이로 지난 한숨이 푹 코를 찌른다

역을 지난다

역을 지난다
사진 속에 남겨진 역간을 지난다

그곳이던가
달리는 발 아래 자갯돌 맑게 흐르는 물속
모두들 추억을 낚느라 말없이 푸르고

아무도 보지 않을 때에는 누워라
꽃이 사라진 벌판 텅 빈 역사에는
야생마가 뛰고
역을 거쳐 지나도록 말발굽 소리 따라오는데

오롯이 내 안의 기억 한 덩어리 토하여
푸른 향, 푸른 물, 푸른 빵
푸른 잎에 싸서 자꾸만 권하고

시간이 손을 잡고 다시 역간으로
버려진 시간까지 줍고 모아서 마냥 달리다
어느새 멈추는 발길
누가 또다시 등 뒤에서
내 사진을 함부로 찍는가

바람에게 —
너를 잡아 둘 수 없었네
사진을 찍었더니 그림자뿐이었네

기차 여행

빠아앙—
굉음은 차라리 차바퀴에서 뿌려지는 은 싸라기
방에 누워 그 소리를 듣는다
마주한 다락방 천장이 정겹고
이 밤에 누군가 고향으로 가고 있구나
또한 내 방 옆 벽 하나 사이
골목길을 재촉하는 구둣발 잰 걸음
손에 든 호떡 봉지가 식기 전에
어서 집으로 도착하시길
모과차는 뜨겁고
나는 이곳에 있어 감사하다

빠아앙—
누굴까
저 먼 길에는
저리도 급히 가야 할 내 고향
길을 묻는 듯
나보다 먼저 가방을 들고 떠나는 기억들
그들의 옆자리는 언제나 나의 마음
빠아앙—
소리 따라 벌써 떠나버렸네

비 오면 —
모과시럽, 안온한 휴식
설렌다
내 방은 나를 기다려 줄까

늙은 철길

뒷문을 열면 한적한 철길
기차는 며칠에 한번 다니더이다

할매 채마밭 정성밭
걸음걸음 촘촘히 수놓아 앞서시고
나는 그저 할매만 따르면 되더이다

한날 길손 찾아와도
기억에 없는 우리 집 앞문을 묻지는 않더이다
첨 본 길손과 마주한 밥상
된장국 오지 그릇 바닥이 나도록
누구냐고 묻지 않고 길손과 한밤 얌전히 잤더이다

침묵 따라 밟아 밟아 날이 가고 날이 새고
꽃이 영그 씨로 맺고 자라는 동안
울 아배는 울 어매는
한 번도 묻지 않고 참 착하게 자랐더이다

한 새벽에 울 할매와 나 사이에 놓임직한
여인 하나 찾아와 두런두런 눈물 이야기 뒤로
돌아누워 단 한 번 울었더이다

바람에게 —
도시 뒷담 너머 끊어진 철길
이름표 없는 그들
황량한 풀들의 키재기

저어기 철길 굽어 사라진
저 끝으로 갔나요
저 끝에는 무엇이 있나요
물어볼 재간도 없는 조막손

여인이 떠난 뒤 내 딸 내 딸내미 눈물로 지우는
할매 소독약 내음에 생전 처음 아픈 척 누워 있었더이다
눈물하고 나 사이에 항상 놓이던 기차
그때도 발맞춰 기차가 지나가고
기차는 며칠에 한 번 다니더이다
뒷문을 열면 한적한 철길이 길게 누운 곳
할매 따라서 늙어버린 철길 말입니다

그때나 변함없이 철길은 늙으나마 그대로 누웠는데
울 할매도 나도 지금은 그 집에 살고 있지 않더이다

바람에게 —
도시 뒷담 너머 끊어진 철길
풀, 아무도 우리를 예뻐하지 않았다
우리들의 이름은 황초

봄 오기

지금은 가만히 숨는 중

무릎 꿇은 채
가슴에 품은 알 하나 겨우 굴리며
서리가 발부터 자라난 하얀 이끼
그것이 곰팡이라는 것을 느낄 때
비로소 열꽃이 번진다

못 들은 척
누군가 방문을 두드리네
못 들은 척
알은 차츰 더워지고 겹겹이 둘러친 얼음꽃

나는 늘 죽어 있었고
안에서부터 발효되던 미동
간지러운 발끝
마침내 터지는 몸뚱어리는

지켜지지 않는 비밀이 날아다니고
온통 희뿌연 세상
껴안아 상처 난 흔적들만 남아도
해마다 열심히 베끼는 자화상

비 오면—
비 오면 봄 온다
봄 속에서는 봄을 모르고
덥지도 춥지도 않은 가수면
나는 그런 유영의 고기

거울 · 1

처음에는 빛이었다
조각 조각 별이더니
하얗게 번져나는 미소를 만나던 날
차례로 포개지는 환상
사선으로 눕는다
직선으로 일어난다
선 채로 비스듬히 바라다 본다
안타까운 기다림의 마디마디 서성이다
어떤 찰나 재빨리 맺히는 상들로 분주한 굴절
누구 가까이 스치기만 해도 감사한 만남
마음까지 담아 두는 겸손의 지평선 너머
기억의 필름 되감기는 파도 소리
짙푸른 음영 웅성거리며 둘러선 한가운데
그대 태양을 닮은 밝음이여
빛이 그러하듯이 간혹 찢기고 가루져도
우리 다시 만나기를
사랑이어라 나의 얼굴들
여기까지 조용히 따라오는 그대
오늘도 빛의 조각들 끼워 맞추기는 계속된다

눈 오면 —
얼음의 유희
빛의 반란
그러나 너는 별
내게 날아온 하얀 거울

거울 · 2

그는 가고 없었다
나는 그의 옆에서 그를 기다린다
오래 오래
언제 그가 다녀갈지 알 수 없기에
그를 만나야 나를 볼 수 있는데
그는 늘 외출 중이다
나를 나보다 더 잘 알고 있는 그는
항상 나의 뒤에서 나를 찔러본다
갑자기 나를 비추거나
함부로 가지고 어른다
나는 그 앞으로 늘 어지럽고 부끄럽다
할 말을 잃은 내 안의 내가 포개진 얼굴
어느덧 그 앞으로 참 겸손한 나는
자세를 가다듬고 단추를 세어본다
어디가 미련한가
어디가 삐뚠가
진정 나를 만나는 시간이니까

거울 · 3

빛 하나 두고 나를 꺼내어도
나를 힘껏 파내어도
또 고이는 나의 모습들
어제의 나와 오늘의 내가
차례로 포개진 대용량 피씨
잊지 마 잊지 마
어디서 들리는 나를 파내는 드릴 소리
어디에나 황혼
잠시 내버려 두면 이내 고인다
부지런히 나를 후벼 내지만
그림자 없는 나의 뒷모습들
깊은 샘 근원
늘 끝이 없다

비 오면 —
함부로 건드린 감정선 하나
이내 휘어진 현
울음 터진 빗소리

슬픈 포도

슬픔이 웃는다
포도 알알이 스마일 지으며
포도 알알이 포도 속에는 반짝이는 순이야가 잔다
'언니 나는 여름에는 돈을 조금 모아야 해'
포도알이 영근다
포도알이 맺힌다
포도나무가 자란다
포도나무를 심는다
'언니, 나는 여름 끝물에는 포도를 한 상자쯤 사고 싶은데'
흐린 미소 끝으로 순이야는 보지 못한다
내가 심은 포도나무 포도알이 영그는 것을
순이야 집 적막한 살강에 놓아둔 포도는
알알이 밤마다 등불 되어 울더니
이제는 창문마다 아픈 네 그림자
순이야, 순이야 너네 집 불 좀 켜라
어둔 저녁이면
긴 팔 하나 기어나와 나를 붙드는 기억
'언니, 나는 여름에는 돈을 조금 모아야 해
 첫 가을이 다 지나기 전에 포도를 조금,
조금 많이 사고 싶어서'
유난히 포도를 감격해 하던 너
슬픔이 자꾸만 나를 따라오며 웃는다

작은 이별

그때마다
꽃이 필요할 줄을 누가 먼저 알았을까
세상에서 가장 작은 여인
순이야
바늘같이 야윈 그녀는 빵을 건네준다
그녀가 준비할 수 있는 바
그것뿐인 작은 빵
지금도 순이야 손바닥에 놓인 황금색 빵
수줍게 내미는 가슴 아픈 빵 옆으로는
작은 풀 꽃다발
흐린 미소라 부르는
잘 보아야 보이는 잔 점 같은 꽃무리
아직도 사랑과 이별을 고하지 못하고 서성이는 만남들
그 아프다 일어난 빵 옆으로는
작은 풀꽃 한 다발 끼워서 준다
나를 불렀니
고운 기억 순이야
내게 한 번도 나쁘지 않던 고운 이
부추 깃 바람의 입을 빌어 간신히 내게 건너오는 목소리
'언니 여기야
 나 여기 살고 있어—'
가녀린 바람 속에는
바늘 같은 그녀가 실처럼 섞여 부른다

비 오면 —
또닥 또닥 자꾸만 들린다
비 오면 풀잎마다 적어 두는
나 정말 잘 있다는 소식

작은 봄소식

—고 최진실 아이에게

지난해 봄소식
봄과 찍은 사진 한장
순이야 예쁜 순이
보라꽃 순이야
얼마나 할 말이 많으면
아직도 떠나지 못하는 들판
소중한 입김 모아
흙으로 덮어 둔 우리의 약속

순이야 순이야 어디든지 불러
모진 겨울바람 피해 꼭꼭 숨었다가
봄 오면 가슴 열고 보여 주겠니

순이야 순이야 어디든지 다녀
아무리 아파도 꽃씨 품은 가슴으로 울지는 않았다고
아, 꽃들의 집은
작은 네 가슴 봉투 속 씨알들
꽃 보라 네가
천사 같은 네가
뭇꽃으로 피어나는 벅찬 봄소식 한장

바람에게 —
다시 와 주겠니
언제
약속

다시 비 오면

강 너머에만 비가 온다는데
눈물을 보여주고
지나는 비를 불러
심장 속 마른 뼈를 꺼내어 즙을 뿌린다

비 오면 온 세상은 나비색
나는 나무가 된다
이파리가 된다
이대로 서 있어도 괜찮다

오늘도 비 오면
잊었던 언덕마다
잎 피는 신천지

두 팔을 내밀어
물에서 건지는
새로운 얼굴들

세상에는 나보다 키 큰 나무들
세상에는 나보다 키 큰 나무들

비 오면 —
떠나자 그 물곶으로
대형화면 위로 뛰어내리는 기억들
그리운 씨네마, 주산지

부르면 대답하는 바람
김인혜 시집

1쇄 찍은날 2010년 7월 7일

지은이 김 인 혜
펴낸이 오 하 룡
펴낸곳 도서출판 경남

주소 631-430 마산시 서성동 66-18
전화 (055) 245-8818~8819
홈페이지 http://www.gnbook.com
전자메일 gnbook@empal.com
출판등록 제2호(1985. 5. 6.)
편집팀 오태민 | 심경애 | 구도희

ISBN 978-89-7675-630-5-03810
〔값 8,000원〕